Vorwort

Für den Schüler sind Experimente im Physik- und Chemieunterricht etwas Selbstverständliches. Wenn auch in anderen Fächern experimentiert wird, hat das einen hohen Motivationscharakter. Ein Experiment sorgt für eine gewisse Spannung. Die Schüler wollen erfahren, was da passiert. Hierdurch kann und soll auch die Beobachtungsgabe geschult werden.

Das Experiment im Erdkundeunterricht und Biologieunterricht bietet die Möglichkeit, die Erde in den Klassenraum zu holen. Das Experiment hat mitunter vor der originalen Begegnung sogar Vorteile: Es verkleinert die Erde und macht so manche auf ihr wirkenden Vorgänge erst sichtbar und erlebbar.

Bei der Einbettung der Experimente in den Unterricht ist immer darauf zu achten, dass der Bezug zur Wirklichkeit, zu den Naturerscheinungen oder Naturphänomenen, hergestellt wird. Ein Experiment sollte nicht um seiner selbst willen durchgeführt werden. Es muss immer deutlich sein, warum dies oder jenes Teil für das Experiment genommen wird und welches Gegenstück es in der Natur hat.

Was ist das Besondere an den hier zusammengestellten Experimenten? Die in diesem Heft aufgeführten Experimente sind – bis auf ein Lehrerexperiment – mit einfachsten Mitteln, die in jedem durchschnittlichen Haushalt in der Küche oder im Handwerkskasten zu finden oder leicht zu besorgen sind, umzusetzen. Dabei ist häufig eine Durchführung sowohl im Unterricht als auch zu Hause möglich.

Die Reihenfolge der Experimente stellt keine zwingende Vorgabe dar. Vielmehr handelt es sich hier um eine Materialsammlung, die je nach der konkreten Unterrichtssituation genutzt werden kann.

Auf jeder Doppelseite befinden sich links die Informationen für den Lehrer und rechts das Arbeitsblatt für die Schüler.
Die Hinweise für den Lehrer enthalten in der Regel knappe Sachinformationen und Hinweise zu den Versuchen sowie zum Teil zusätzliche Kopiervorlagen, jedoch keine Lösungen zu den Arbeitsblättern, da die Versuche insgesamt sehr einfach angelegt sind.
Die Arbeitsblätter für die Schüler sind als Kopiervorlage gestaltet, so dass die Experimente sowohl in der Klasse als auch als Hausaufgabe leicht umzusetzen sind.

Bevor die Schüler in größerem Umfang mit Böden experimentieren, sollten Bodenproben von ganz unterschiedlichen Stellen gesammelt werden (Garten, Wald, Wiese, usw.). Vor dem Entnehmen der Proben sollten oberflächlich Steine, Zweige oder Laub entfernt werden. Die Bodenproben sollten nummeriert und mit dem Fundort beschriftet werden.

Kapillarwirkung des Bodens

Hinweise zur Sache und zu den Versuchen

Regenwasser, das von Pflanzen nicht aufgenommen wird und auch nicht als Oberflächenwasser abfließt, gelangt als Sickerwasser in die Tiefe bis ins **Grundwasser**. Wenn es längere Zeit nicht regnet, kann infolge der Saugkraft der **Bodenkapillaren** das Wasser aus der Grundwasserschicht in die Wurzelschicht und bis an die Oberfläche steigen.

Diese Kapillarwirkung wird mit beiden Versuchen eindrucksvoll demonstriert: In saugfähigem Papier befinden sich winzig feine Öffnungen, in denen das Wasser aufsteigt. Wenn das Wasser leicht mit roter oder blauer Tinte eingefärbt wird, ist das Aufsteigen des Wassers noch besser zu erkennen.
Auch in dem mit trockener Erde gefüllten Blumentopf wird das Wasser bis an die Oberfläche gesaugt.

Wenn die Erde im Blumentopf zu fest gedrückt und vollkommen trocken ist, kann man zudem zeigen, dass die Kapillarwirkung in diesem Fall nicht funktioniert – die Kapillaren sind zerstört. Gießt man Wasser in einen solchen Blumentopf, versickert es zunächst nicht, sondern der Topf läuft über.

Diese Wirkung tritt in Wüstengebieten bei sehr heftigen Regengüssen auf. Das Wasser versickert kaum, es läuft oberflächlich ab und schießt mit ungeheuerer Gewalt durch die **Wadis** (Trockentäler). „In der Wüste ertrinken mehr Menschen als verdursten", ist eine Aussage, die bei den Schülern immer wieder ungläubiges Staunen hervorruft – und so auch experimentell unterstrichen werden kann.

Vorschlag für eine Tafelskizze:

Boden saugt Wasser

Name: Datum:

Material:

Küchenrolle, Wasser, Tinte, Blumentopf, Erde, Schale

Versuchsanleitung:

① Tauche ein Stück Papier von einer Küchenrolle in gefärbtes Wasser ein.

② Stelle einen Blumentopf mit trockener Erde in eine Schale mit Wasser. Drücke die Erde oben leicht fest.

Versuchsaufbau:

Beobachtung:

①

②

Erklärung:

Die Zusammensetzung von Gartenerde (Schlämmanalyse)

Hinweise zur Sache und zum Versuch

Was ist eigentlich **Boden**? Boden ist die oberste, lockere Verwitterungsschicht der Erdkruste. Sie ist durchschnittlich auf der Erde nur etwa 30–40 cm dick. Und trotzdem stellt der Boden für Pflanzen, Tiere und Menschen die wichtigste Grundlage der Ernährung dar.

Boden besteht aus lockeren, von Wurzeln durchzogenen Bestandteilen und beherbergt unzählig viele Lebewesen. Eine Hand voll guten Bodens enthält mehr Lebewesen als es Menschen auf der Erde gibt, vor allem **Bakterien**, aber auch Würmer, Asseln, Milben, Käfer usw. (siehe Tabelle). Wenn man alle **Bodenlebewesen** eines Quadratmeters Boden wiegen würde, käme man auf eine Masse von etwa 1 kg.

Gartenerde besteht (neben den Kleinstlebewesen) aus abgestorbenen Pflanzenteilen, Sandkörnern, feinen Schlammteilchen (Lehm) und ganz feinen Mineralteilchen (Ton).

Mit der Schlämmanalyse kann man diese Bestandteile „zerlegen". Dazu gibt man eine Hand voll Gartenerde in ein großes Glas mit Wasser, rührt kräftig um und wartet eine Weile. Je nach ihrer Schwere schwimmen die Teilchen oder sinken unterschiedlich schnell zu Boden. Der Sand befindet sich zuunterst im Glas, darauf schichten sich die feinen Schlammteilchen (Lehm) und darauf die ganz feinen Mineralteilchen (Ton), die das Wasser zunächst noch eine Weile trüben.

Bei der Durchführung ist darauf hinzuweisen, dass die Gartenerde zunächst von größeren Steinen oder kleinen Zweigen gereinigt wird, bevor sie ins Wasser gegeben wird.

Kopiervorlage

Anzahl der Bodenlebewesen in „gesundem" Boden
(bei einer Fläche von 1 m² und einer Tiefe von 30 cm)

Gruppe	Anzahl
Bakterien	60 000 000 000 000
Pilze	1 000 000 000
Algen	1 000 000
Einzeller	500 000 000
Fadenwürmer	10 000 000
Milben	150 000
Springschwänze	100 000
Weiße Ringwürmer	25 000
Regenwürmer	200
Schnecken	50
Spinnen	50
Asseln	50
Tausendfüßler und Hundertfüßler	200
Käfer	100
Fliegenlarven	200

Die Zusammensetzung von Gartenerde

Name: Datum:

Material:

großes Glas (Einmachglas), Löffel, Gartenerde, Wasser

Versuchsanleitung:

1. Reinige eine Hand voll Gartenerde von größeren Steinen und kleinen Zweigen.
2. Gib die gereinigte Gartenerde in ein mit Wasser gefülltes Glas (Einmachglas).
3. Rühre gut um.
4. Lass das Gefäß ruhig stehen und beobachte über einen längeren Zeitraum.

Versuchsaufbau:

Beobachtung:

Erklärung:

Aufgabe:

Welche Schichten haben sich nach 1 Tag in deinem Glas ergeben?

Bestimmung von Bodenarten

Hinweise zur Sache und zum Versuch

Die Bodenarten werden in Gruppen zusammengefasst: Sandböden, Lehmböden, Tonböden, Humusböden. Bodenarten kommen selten in reiner Form vor.

Die Merkmale der Bodenarten im Einzelnen:

Sandboden
Dieser Boden ist überwiegend grobkörnig. Er klebt nicht, man kann ihn nicht zu „Würsten" ausrollen. Er lässt sich in der Landwirtschaft leicht bearbeiten. Daher wird er als leichter Boden bezeichnet. Seine Farbe ist grau bis gelb.

Lehmboden
Er ist hauptsächlich feinkörnig und lässt sich formen. Lehmboden lässt sich schwerer bearbeiten als Sandboden. Deshalb wird er als mittelschwerer Boden bezeichnet. Seine Farbe ist dunkelbraun.

Tonboden
Er ist noch feiner als Lehmboden und fühlt sich seifig und fett an. Er ist sehr fest und schwer zu bearbeiten. Deshalb wird er als schwerer Boden bezeichnet. Seine Farbe ist hellbraun.

Humusboden
Beträgt der Humusgehalt eines Bodens mehr als 20 %, bezeichnet man ihn als Humusboden. Humus nennt man die fruchtbare, dunkel gefärbte oberste Bodenschicht aus abgestorbenen pflanzlichen und tierischen Stoffen. Humusboden ist schwarz.

Untersucht man nun Böden nach diesen und anderen Merkmalen, kann man die Bodenart oder die überwiegenden Bestandteile einer Bodenart festlegen (siehe Tabelle). Es empfiehlt sich, die zu untersuchenden Bodenproben von ganz unterschiedlichen Standorten zu entnehmen. Dabei sollte die oberste Schicht (Blätter, Zweige, Steine oder Verunreinigungen) zunächst entfernt werden. Für die Untersuchungen sollten die Bodenproben auch leicht angefeuchtet sein.

	sandiger Boden	lehmiger Boden	toniger Boden	Humusboden
Wie ist die Farbe?	grau/gelb	dunkelbraun	hellbraun	schwarz
Kannst du ihn ausrollen?	nein	ja	ja	nein
Klumpt er zwischen den Fingern?	nein	ja	ja	nein
Kannst du ihn zerkrümeln?	ja	nein	nein	ja
Knirscht er zwischen den Fingern?	ja	nein	nein	nein
Seine Oberfläche ...	zerfällt	ist stumpf	ist glänzend	zerfällt

Bestimmung von Bodenarten

Name: Datum:

Material:

unterschiedliche Bodenproben

Versuchsanleitung:

1. Nimm unterschiedliche Bodenproben.
2. Feuchte die Proben leicht an.
3. Gehe den folgenden Fragenkatalog durch und schaue jeweils nach, wo du die meisten Übereinstimmungen findest.
4. Versuche, deine Bodenproben einzuordnen.

Versuchsaufbau:

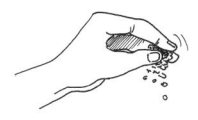

	sandiger Boden	lehmiger Boden	toniger Boden	Humusboden
Wie ist die Farbe?	grau/gelb	dunkelbraun	hellbraun	schwarz
Kannst du ihn ausrollen?	nein	ja	ja	nein
Klumpt er zwischen den Fingern?	nein	ja	ja	nein
Kannst du ihn zerkrümeln?	ja	nein	nein	ja
Knirscht er zwischen den Fingern?	ja	nein	nein	nein
Seine Oberfläche ...	zerfällt	ist stumpf	ist glänzend	zerfällt

Ergebnis:

                      Fundort   Bodenart

Bodenprobe 1 (_____) _____

Bodenprobe 2 (_____) _____

Bodenprobe 3 (_____) _____

Bodenprobe 4 (_____) _____

Filterwirkung von Bodenarten

Hinweise zur Sache und zum Versuch

Boden hat eine Filterwirkung für hindurchfließendes Wasser. Das ist bei der **Trinkwassergewinnung** durch **Uferfiltrat** von großer Bedeutung. In Ballungsräumen, in denen das Grundwasser zur Trinkwasserbereitstellung oft nicht reicht, lässt man neben Flussläufen das Flusswasser versickern. Durch Sand- und Kiesschichten gelangt das Wasser in die Tiefe, wird dabei gereinigt und sammelt sich in tief im Boden verlegten Rohrsystemen. Von dort wird es durch Brunnen wieder an die Oberfläche befördert und vor dem Einlass ins Trinkwassersystem weiter aufbereitet.

Diese Reinigung kann der Versuch zeigen. Dabei wird auch die unterschiedliche Filterwirkung von Blumenerde, Kies und einem Sand-Kies-Gemisch deutlich. Der Sand sollte vorher in einem Eimer mit Wasser „gewaschen" werden.

Kopiervorlage

Trinkwassergewinnung in Deutschland

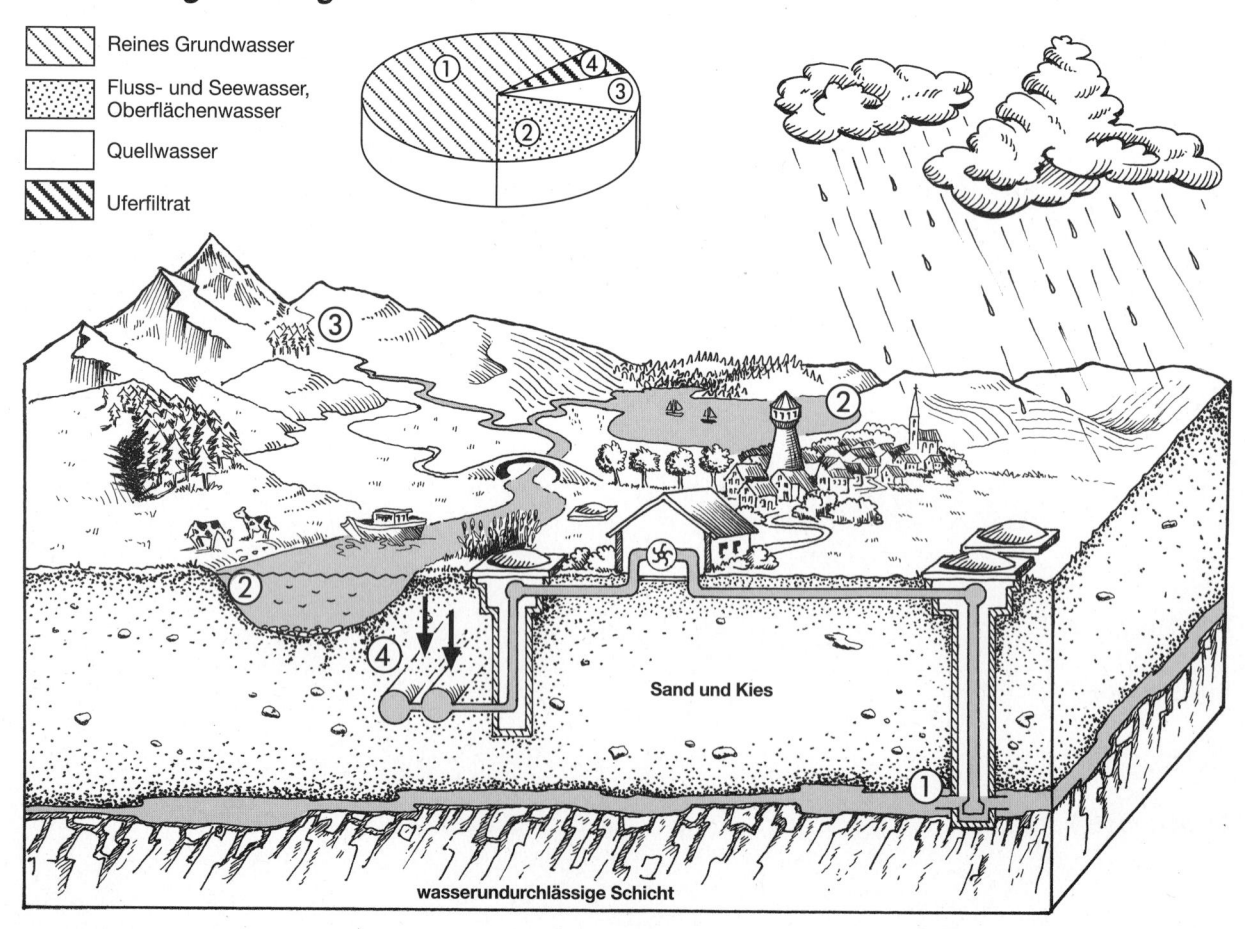

- Reines Grundwasser
- Fluss- und Seewasser, Oberflächenwasser
- Quellwasser
- Uferfiltrat

Sand und Kies

wasserundurchlässige Schicht

Boden filtert Wasser

Name: Datum:

Material:

drei Blumentöpfe, drei Einmachgläser, Sand, Kies, Blumenerde, Gefäß (z. B. Messbecher, Kochtopf), Wasser, Filterpapier

Versuchsanleitung:

1. Lege auf den Boden von drei Blumentöpfen Filterpapier.
2. Fülle die Blumentöpfe jeweils mit Blumenerde, Kies und einen Sand-Kies-Gemisch.
3. Fülle ein großes Gefäß mit Wasser und verunreinige es mit einer Hand voll Gartenerde.
4. Rühre gut um.
5. Stelle die Blumentöpfe auf Einmachgläser, damit das durchsickernde Wasser aufgefangen wird.
6. Schütte in die drei Blumentöpfe so viel von dem verunreinigten Wasser, bis es unten aus den Töpfen herausläuft.

Versuchsaufbau:

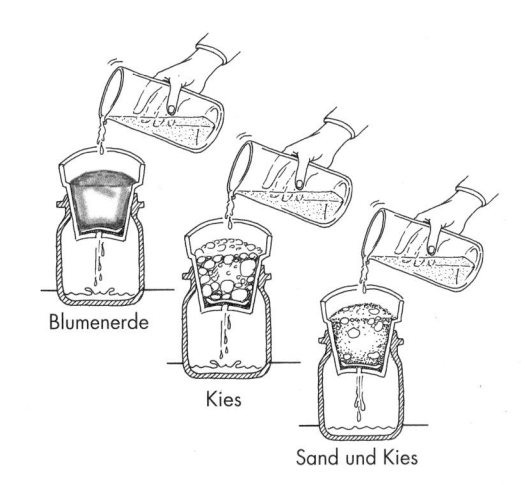

Blumenerde

Kies

Sand und Kies

Beobachtung:

Erklärung:

Bestimmung des Humusgehaltes

Hinweise zur Sache und zum Versuch (Lehrerversuch)

Der Humusgehalt ist ein wichtiges Unterscheidungsmerkmal für die unterschiedlichen Bodenarten. Da sich Humus aus pflanzlichen und tierischen Stoffen gebildet hat, ist er brennbar. Man kann seinen Anteil also durch Ausglühen einer Bodenprobe bestimmen. Der Gewichtsverlust, der dabei feststellbar ist, entspricht dem Gewicht des Humusgehalts der Bodenprobe.

Das Ausglühen der Bodenprobe sollte in einer Metallschale und mit einem heißen Brenner erfolgen, damit ein brauchbares Ergebnis erzielt wird. Daher sollte dieser Versuch als Lehrerversuch durchgeführt werden. Falls der durchführende Lehrer mit dem Chemieraum, dem Inventar und den Sicherheitsvorschriften vertraut ist, kann der Versuch natürlich auch als Schülerversuch stattfinden.

Um kein verfälschtes Ergebnis zu erhalten, müssen die Bodenproben vorher sehr gut getrocknet werden, ansonsten ergibt sich ein Gewichtsverlust auch durch das verdampfende Wasser. Dazu sollte man die Bodenproben auf Papier ausbreiten und mehrere Tage trocknen lassen.

Wenn vor dem Ausglühen das Gewicht aller Bodenproben jeweils 100 g beträgt, entspricht der Wert des Gewichtsverlustes dem Humusgehalt in Prozent. Böden mit einem Humusgehalt von mehr als 20 % werden als Humusböden bezeichnet (siehe Seite 6).

Kopiervorlage

Diese Abfälle gehören auf den Komposthaufen zur Bildung von Humus:

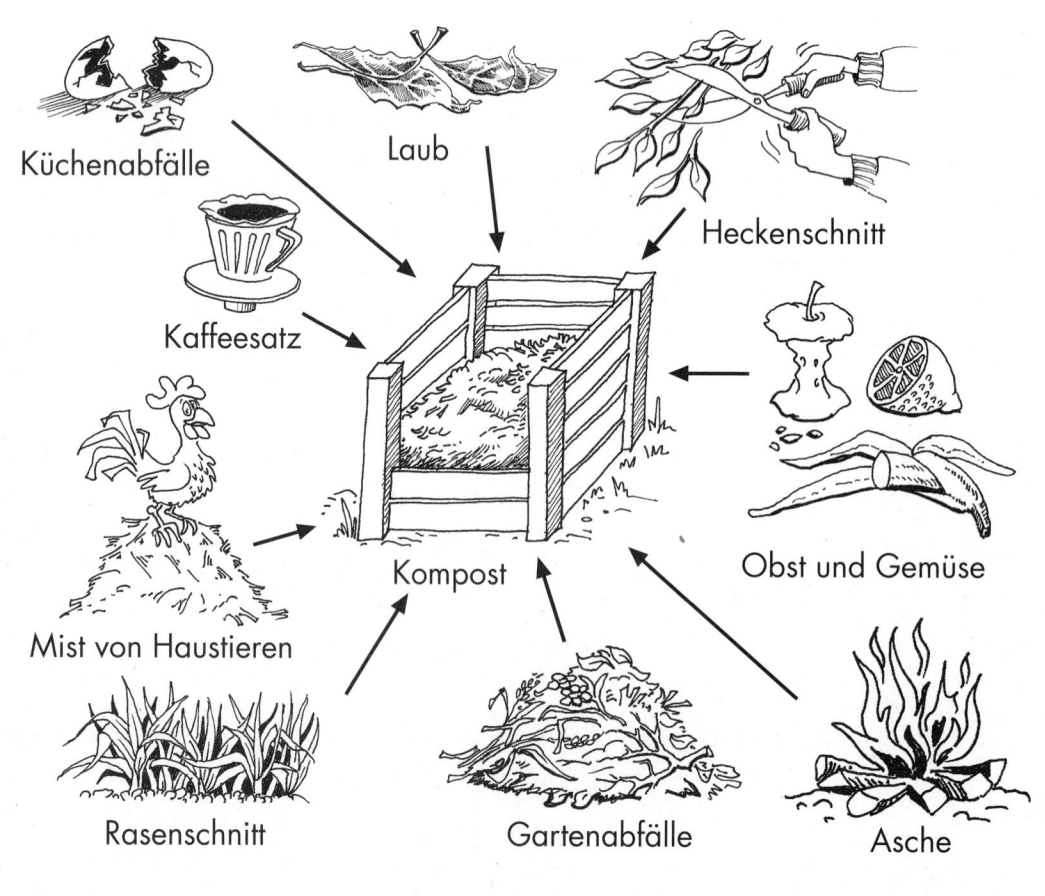

Küchenabfälle, Laub, Heckenschnitt, Kaffeesatz, Obst und Gemüse, Mist von Haustieren, Kompost, Rasenschnitt, Gartenabfälle, Asche

Der Humusgehalt von Böden

Name: _____ Datum: _____

Material:

Bodenproben, Brenner, Metallschale, Waage

Versuchsanleitung:

1. Die verschiedenen Bodenproben gut trocknen.
2. Die einzelnen Proben sorgfältig auswiegen.
3. Die Bodenproben ausglühen.
4. Erneut die einzelnen Proben wiegen.

Versuchsaufbau:

Ergebnis:

	Bodenprobe 1	Bodenprobe 2	Bodenprobe 3
vor dem Ausglühen	100 g	100 g	100 g
nach dem Ausglühen	____ g	____ g	____ g
Gewichtsverlust	____ g	____ g	____ g
Humusanteil	____ %	____ %	____ %
Humusboden	ja/nein	ja/nein	ja/nein

Bei einem Ausgangsgewicht der Bodenproben von 100 g entspricht der Wert des Gewichtsverlustes dem Humusanteil in Prozent. Ein Boden wird als Humusboden bezeichnet, wenn sein Humusanteil mehr als 20 % beträgt.

Wasserspeicherkapazität von Böden

Hinweise zur Sache und zum Versuch

Die unterschiedlichen Bodenarten haben eine ganz unterschiedliche Wasserspeicherkapazität: Sand ist ein sehr schlechter Wasserspeicher, **Schluff** und Ton speichern das Wasser schon besser, Lehmboden ist ein sehr guter Wasserspeicher.

Pflanzenwachstum ist wesentlich von der **Wasserbilanz** abhängig, d. h. wie sich die Menge des verdunsteten Wassers zum Wassergehalt im Boden verhält. Zu viel Wasser im Boden wirkt allerdings wegen des dann auftretenden Luftmangels schädlich.

Für den Versuch empfiehlt es sich, völlig unterschiedliche Bodenproben zu nehmen (Sandboden, Gartenerde, Lehm- oder Tonboden).
Um das Versuchsergebnis nicht zu verfälschen, sollten die Bodenproben gut getrocknet sein. Dazu können sie auf Zeitungen ausgebreitet werden. Im Sommer kann die Sonne das Austrocknen erledigen, im Winter die Heizung oder der Backofen.

Die Bodenproben sollten zudem gleiche Mengen umfassen. Dazu werden gleich große Blumentöpfe gleich hoch mit den Proben gefüllt. Auch die durchfließende Wassermenge muss bei allen drei Blumentöpfen identisch sein. Dies ist leicht mit einem Messbecher aus der Küche zu erreichen. Mit dem Messbecher wird am Schluss auch die aus den Töpfen herausgeflossene Wassermenge bestimmt, um aus der Differenz der hineingegossenen und der herausgeflossenen Menge das jeweils gespeicherte Wasser zu berechnen.

Es ist ratsam, vor diesem Versuch den auf Seite 6 vorgeschlagenen Versuch zur Bestimmung der Bodenarten durchzuführen, damit nicht nur von einer Nummer der Bodenprobe gesprochen wird, sondern die genaue Bezeichnung bekannt ist.

Wie viel Wasser kann der Boden speichern?

Name: Datum:

Material:

drei Blumentöpfe, drei Einmachgläser, Bodenproben, Filterpapier, Messbecher, Wasser

Versuchsanleitung:

1. Lege Filterpapier auf den Boden der Blumentöpfe, damit die Bodenproben nicht durchrieseln.
2. Fülle die Blumentöpfe mit unterschiedlichen, gut getrockneten Bodenproben. Nimm bei allen Töpfen die gleiche Menge.
3. Stelle die Töpfe auf Einmachgläser.
4. Gieße auf die Bodenproben jeweils die gleiche Wassermenge, z. B. 1/2 Liter (500 cm^3).
5. Warte, bis aus keinem der Blumentöpfe mehr Wasser heraustropft.
6. Miss mit dem Messbecher die jeweils in die Einmachgläser durchgelaufene Wassermenge.

Versuchsaufbau:

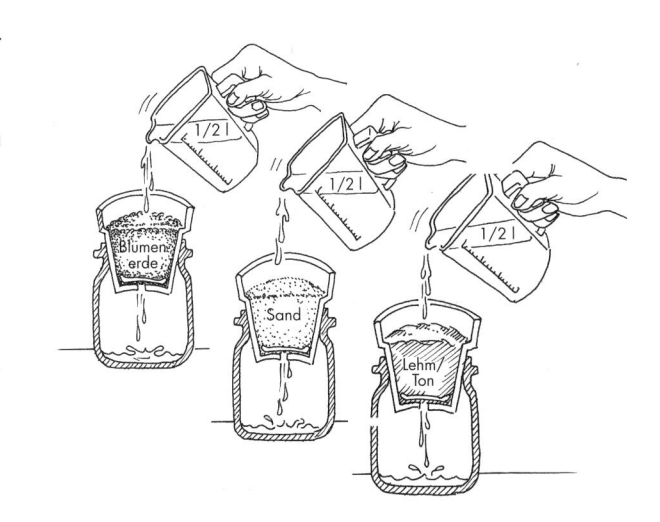

Ergebnis:

	Bodenprobe 1	Bodenprobe 2	Bodenprobe 3
eingegossene Wassermenge	____ cm^3	____ cm^3	____ cm^3
herausgeflossene Wassermenge	____ cm^3	____ cm^3	____ cm^3
Wassermenge in der Probe	____ cm^3	____ cm^3	____ cm^3

1 Liter (l) = 1 000 Kubikzentimeter (cm^3)

Wasserdurchlässigkeit von Böden

Hinweise zur Sache und zum Versuch

Bei der Wasserdurchlässigkeit von Böden kommt es nicht darauf an, wie viel Wasser der Boden speichern kann, sondern wie schnell das Wasser den Boden durchläuft.

Für viele Pflanzenarten sind Böden mit schlechter Wasserdurchlässigkeit ungünstig. **Stauende Nässe** kann den Boden modrig und sauer werden lassen. Selbst Rasen gedeiht dann nicht mehr. Es kommt zu einer starken **Moosbildung**.

Sandböden haben die größte Wasserdurchlässigkeit. Je „schwerer" ein Boden ist, desto langsamer fließt das Wasser hindurch.

Für den Versuch sollten unterschiedliche Bodenarten gewählt werden. Dabei empfiehlt es sich, die Bodenarten vorher bestimmen zu lassen (siehe dazu Seite 6).

Bei der Durchführung des Versuches ist auf Folgendes zu achten:

- Die Bodenproben sollten gut durchgetrocknet werden. Dazu kann man sie (je nach Wärme der Umgebung) zwei bis drei Tage auf Zeitungspapier ausbreiten.
- Die Blumentöpfe sollten gleich hoch mit den Bodenproben gefüllt sein.
- Das Begießen der Töpfe sollte zügig und gleichmäßig erfolgen.
- Mit Beginn des Gießens muss die Zeit genommen und beim ersten unten abfließenden Wasser gestoppt werden.

An dieser Stelle kann auch auf folgende Erscheinung hingewiesen werden:

Ist der Boden extrem trocken und fest (wie es auch manchmal bei Blumentöpfen der Fall ist), nimmt er zunächst kein Wasser auf. Das Kapillarsystem ist zerstört. Das Wasser steht oben auf oder fließt oberflächlich ab. Das passiert oft in trockenen Gebieten der Erde bei starken Regengüssen. Das Wasser schießt durch die Trockentäler (Wadis) und versickert kaum (siehe Seite 2).

Wie schnell lässt Boden Wasser durchsickern?

Name: Datum:

Material:

Bodenproben, drei Blumentöpfe, drei große Gläser (Einmachgläser), Gefäß (z.B. Messbecher, Flasche), Filterpapier, Uhr, Wasser

Versuchsanleitung:

1. Lege Filterpapier auf den Boden der Blumentöpfe, damit die Bodenproben nicht durchrieseln.
2. Fülle die Blumentöpfe mit unterschiedlichen gut getrockneten Bodenproben. Nimm bei allen Töpfen die gleiche Menge.
3. Stelle die Töpfe auf große Gläser (Einmachgläser), um das durchlaufende Wasser aufzufangen.
4. Begieße die Bodenproben gleichmäßig und zügig mit Wasser.
5. Miss die Zeit vom Beginn des Gießens bis zu dem Zeitpunkt, an dem das erste Wasser unten aus dem Topf herausläuft.

Versuchsaufbau:

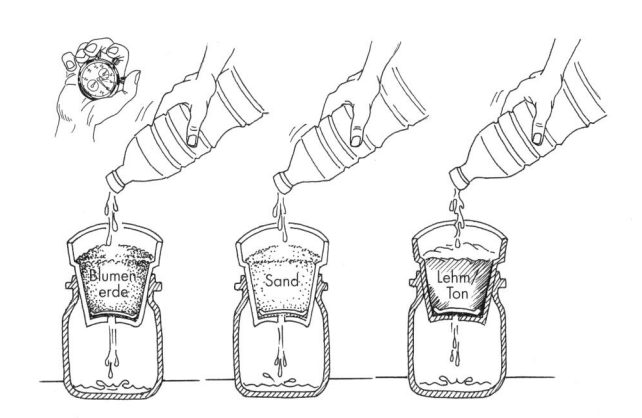

Ergebnis:

	Bodenprobe 1	**Bodenprobe 2**	**Bodenprobe 3**
Durchflusszeit des Wassers	____ Sekunden	____ Sekunden	____ Sekunden

Aufgabe:

Überlege, an welchen Stellen nach Regengüssen Pfützen stehen und an welchen nicht.

Erwärmung von Böden

Hinweise zur Sache und zu den Versuchen

Wärmequellen geben Strahlung ab, die von Körpern reflektiert bzw. absorbiert wird. Dunkle Körper absorbieren fast die gesamte auftreffende Strahlung, während helle Körper die Strahlung (je nach Helligkeit und Glätte der Oberfläche) stärker reflektieren. Die Temperatur eines dunklen Körpers steigt daher schneller an als die eines hellen Körpers.

Da das **Keimen** und das Wachsen von Pflanzen stark durch Wärme beeinflusst werden, ist die Farbe des Bodens nicht unerheblich. Dunkle Humusböden erwärmen sich stärker als helle Sandböden.

Der Anteil der von der Erdoberfläche reflektierten Strahlung wird als **Albedo** bezeichnet. Die Albedo wird in Prozent angegeben.
Schneebedeckte Flächen reflektieren bis zu 95 % der kurzwelligen Strahlung. Böden reflektieren dagegen nur ungefähr 5–35 %. Je dunkler der Boden, desto größer ist der Wärmegewinn (siehe Tabelle).
Der Versuch 1 kann am einfachsten im Sommer durchgeführt werden, da die Sonne idealerweise als Wärmequelle verwendet werden kann. Der Versuch ist natürlich auch mit einer Lampe mit hoher Leistung möglich, die ebenfalls Wärmestrahlung abgibt.

Bei Versuch 2 kann der Schüler feststellen, dass sich mit zunehmender Bodentiefe die Temperatur verändert. Im Sommer nimmt sie mit zunehmender Tiefe ab, im Winter dagegen zu.

Bei unterschiedlichen **Bodenbedeckungen** ergeben sich folgende reflektierte Strahlungsmengen (Albedo):

Lava (schwarz)	4 %
Ackerland (braun)	17 %
Wiese/Weide	25 %
Sandflächen (Düne/Wüsten)	38 %
Schnee	bis zu 95 %

Erwärmung von Böden

Name: _____ Datum: _____

Material:

zwei Schälchen, heller Sand, schwarze Blumenerde, Thermometer, gegebenenfalls Lampe/Strahler

Versuchsanleitung:

Versuchsaufbau:

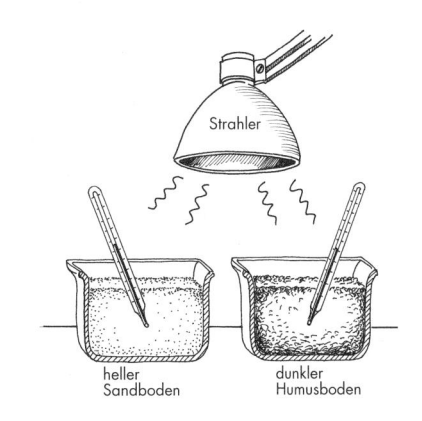

❶ 1. Fülle ein Schälchen mit hellem Sand, das andere mit der gleichen Menge schwarzer Blumenerde. Die Anfangstemperatur von Sand und Blumenerde sollte gleich sein. Beide Bodenproben sollten vorher auch getrocknet sein.
2. Stecke die Thermometer gleich tief in die Bodenproben. Solltest du nur ein Thermometer zur Verfügung haben, kannst du die Messungen auch nacheinander durchführen.
3. Setze die Proben der Wärmestrahlung aus (Sonne oder Lampe).
4. Lies alle 10 Minuten die Temperaturen ab und trage die Werte in die Tabelle ein.
5. Führe mehrere Messungen durch.

❷ 1. Miss im Freien die Bodentemperaturen direkt unter der Oberfläche und in 10 cm Tiefe an einem sonnigen und einem schattigen Ort.
2. Trage die Werte in die Tabelle ein.

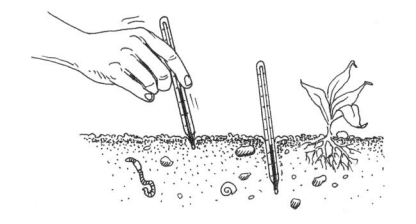

Ergebnis:

❶

	heller Sandboden	dunkler Humusboden
Anfangs-temperatur	____ °C	____ °C
nach 10 Minuten	____ °C	____ °C
nach 20 Minuten	____ °C	____ °C
nach 30 Minuten	____ °C	____ °C
nach 40 Minuten	____ °C	____ °C

❷

	sonniger Ort	schattiger Ort
an der Oberfläche	____ °C	____ °C
in 10 cm Tiefe	____ °C	____ °C

Der pH-Wert von Böden

Hinweise zur Sache und zum Versuch

Böden sind chemisch ganz unterschiedlich beschaffen, manche sind zu sauer, andere wiederum zu basisch (kalkhaltig). Messen kann man das mit dem sogenannten pH-Wert.

Der pH-Wert ist eine Zahl, die aussagt, ob eine Flüssigkeit (oder ein Boden) sauer, neutral oder basisch ist. Ist die Zahl kleiner als 7, dann ist die Probe *sauer* (Essig, Obstsäfte), ist sie größer als 7, dann ist sie *basisch* (Seifen, Rohrreiniger). Beim Wert 7 ist die Probe *neutral*.

Es gibt Pflanzen, die besonders gut auf sauren Böden wachsen und wieder andere, die basische Böden mögen. Welche Pflanzen welche Böden bevorzugen, zeigen die Tabellen.

Das Universal-Indikatorpapier, das zur Bestimmung des pH-Werts benötigt wird, ist wahrscheinlich in der Chemiesammlung der Schule vorrätig oder aber in der Apotheke zu kaufen.

Bei der Auswahl der Bodenproben sollte darauf geachtet werden, dass die Entnahmestellen möglichst unterschiedlich sind (Blumenerde, Sandboden, Waldboden). Wenn der Rasen im Garten unter Nadelbäumen verschwindet und sich Moos bildet, ist das z. B. ein Zeichen von übersäuertem Boden.

Kopiervorlage

Bester pH-Wert für ausgewählte Pflanzen

Bäume	
Kiefer	4,0 – 6,0
Tanne	5,0 – 6,0
Birke	5,0 – 6,0
Eiche	5,0 – 6,0
Linde	6,0 – 8,0
Pappel	6,0 – 8,0
Buche	6,0 – 8,0

Ackerpflanzen	
Kartoffel	5,0 – 6,5
Weizen	6,5 – 7,5
Rübe	5,5 – 7,0
Hafer	5,0 – 7,0
Roggen	5,0 – 7,0
Mais	5,5 – 7,0
Raps	6,5 – 7,5

Der pH-Wert von Böden

Name: Datum:

Material:

Bodenproben, Trinkgläser, destilliertes Wasser, Gefäß (z.B. Messbecher), Löffel, Universal-Indikatorpapier, Kaffefilter

Versuchsanleitung:

1. Gib von jeder Bodenprobe einen (guten) Esslöffel voll jeweils in ein Trinkglas.
2. Fülle die Gläser zur Hälfte mit destilliertem Wasser. Das kannst du für wenig Geld in fast jedem Supermarkt kaufen.
3. Rühre Wasser und Bodenproben gut um.
5. Filtere das Gemisch aus Boden und Wasser.
5. Halte einen Streifen Indikatorpapier kurz in die Flüssigkeit. Der Streifen verfärbt sich.
6. Vergleiche die Farbe deines Streifens mit der Skala an der Verpackung des Indikatorpapiers. Hast du die entsprechende Farbe gefunden, kannst du den Zahlenwert (=pH-Wert) ablesen.

Versuchsaufbau:

① Boden und Wasser in Becher geben
② umrühren
③ filtern
④ Indikatorpapier hineinhalten
⑤ Farben vergleichen

Ergebnis:

	Bodenprobe 1	Bodenprobe 2	Bodenprobe 3	Bodenprobe 4	Bodenprobe 5
pH-Wert					

Aufgabe:

a) Gib in zwei Glasschälchen etwas Blumenerde und „verändere" sie, indem du auf die eine Probe etwas Essig oder Zitronensaft träufelst und auf die andere etwas Seifenlauge. Rühre beide Bodenproben gut um und führe anschließend die pH-Wert-Bestimmung der Proben durch.
b) Erkläre dein Ergebnis.

	Bodenprobe 1 (Essig) vorher	nachher	Bodenprobe 2 (Lauge) vorher	nachher
pH-Wert				

Die Bedeutung des Regenwurmes für den Boden

Hinweise zur Sache und zum Versuch

Dem Regenwurm kommt für die Bearbeitung des Bodens eine ganz besondere Bedeutung zu. Auf einer Fläche von 100 x 100 m leben in Laubwäldern bis zu 800 000 Regenwürmer.

In Komposthaufen leben die Regenwürmer von den halb verfaulten Abfällen. Jeder Wurm nimmt pro Tag so viel Nahrung zu sich, wie seinem eigenen Gewicht entspricht. Das sind bei einem Regenwurm von durchschnittlicher Größe etwa 15 g.

In Wald-, Wiesen- und Ackerböden kommen die Regenwürmer nachts an die Oberfläche und ziehen Blätter und Pflanzenreste in die Gänge. Wenn die Pflanzenreste verfault sind, werden sie zusammen mit Erde gefressen. Der Regenwurmkot enthält nicht nur fein zerkleinerte Pflanzenreste, sondern auch viele **Mineralstoffe**.

Regenwürmer sind daher für die **Fruchtbarkeit** des Bodens von großer Bedeutung. Sie lockern den Boden, durchmischen ihn und düngen ihn mit Mineralstoffen sowie Humus.

Der Versuch zeigt, wie der Regenwurm den Boden durchmischt. Der Boden sollte immer etwas durchfeuchtet sein. Als Nahrung kann man leicht angemoderte Blätter oben auf die Erde legen. Das Glas sollte mit einem Stück Nylonstrumpf (gehalten durch einen Gummiring) verschlossen sein. Da der Regenwurm Dunkelheit braucht, sollte das Glas von außen mit einer Alufolie abgedeckt werden.

Kopiervorlage

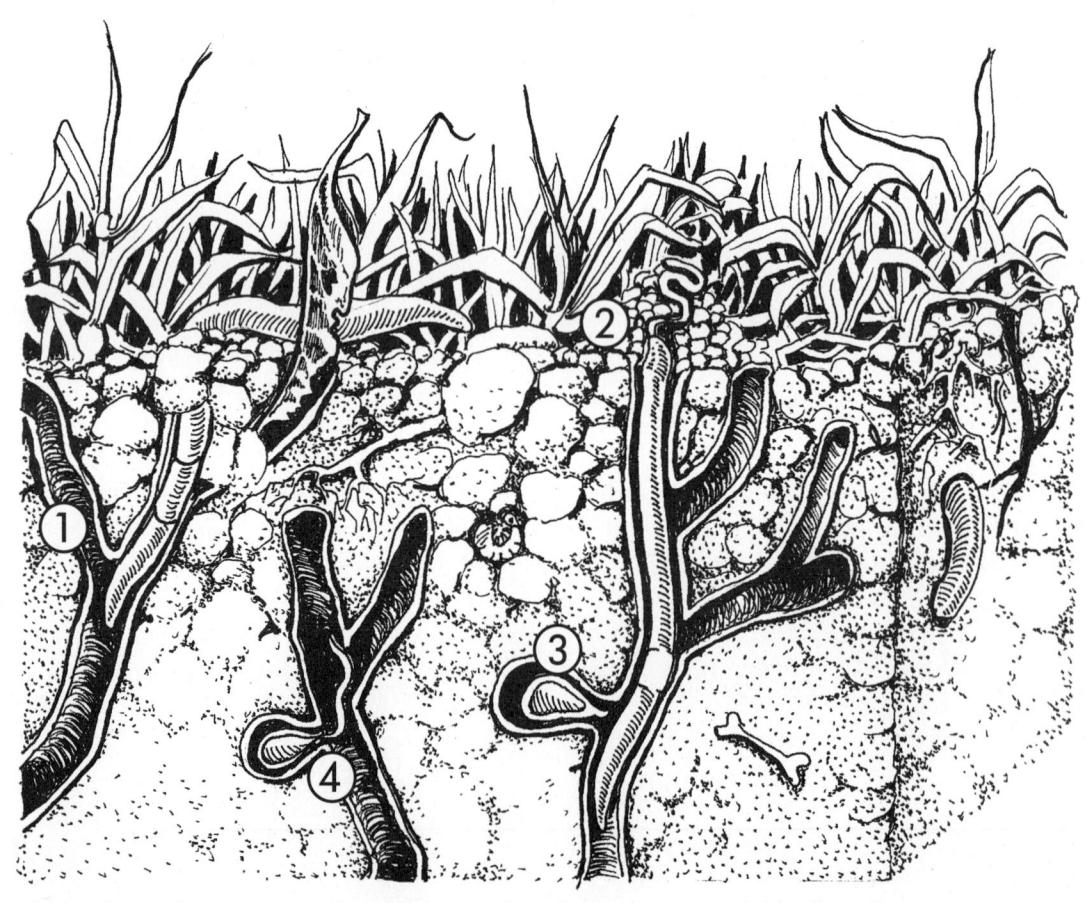

1 Wohnröhre 2 Kothäufchen 3 Eikokon 4 schlüpfender Regenwurm

Der Regenwurm bei der Gartenarbeit

Name: _____   Datum: _____

Material:

Einmachglas, Gartenerde, Sand, Regenwürmer, angemoderte Blätter, Nylonstrumpf, Gummiring, Alufolie

Versuchsanleitung:

1. Schichte in ein Einmachglas unten Gartenerde, dann Sand und obenauf wieder Gartenerde.
2. Drücke die Schichten leicht an.
3. Grabe im Garten ein paar Regenwürmer aus und gib sie in das Glas.
4. Lege ein paar angemoderte Blätter, die du im Wald finden kannst, obenauf.
5. Verschließe das Glas mit einem Stück Nylonstrumpf und einem Gummiring.
6. Lege von außen Alufolie um das Glas, denn der Regenwurm braucht Dunkelheit.
7. Halte den Boden immer leicht feucht und stelle das Glas an einen kühlen Ort.
8. Schaue jeden Tag nach, was in deinem Glas passiert.

(Vergiss nicht, am Ende des Versuches den Regenwürmern die Freiheit wiederzugeben.)

Versuchsaufbau:

Beobachtung:

_____
_____
_____
_____

Erklärung:

_____
_____
_____
_____
_____

Sprengkraft von Pflanzen

Hinweise zur Sache und zum Versuch

Pflanzen und ihre Wurzeln können im Boden eine starke „Sprengkraft" entwickeln. Das kann man vielerorts sehen, wenn Baumwurzeln die Fahrbahndecke hochheben oder Mauern und Zäune abknicken. Durch feinste Ritzen im Straßenpflaster zwängen sich Pflanzen hindurch oder sie wachsen im Gemäuer von Hausruinen. Dabei wird das Mauerwerk rissig und schließlich zerstört. Auch bei der Keimung von Samen entwickeln sich große Kräfte.

Dies kann der Versuch zeigen. Wenn man von einer kleinen Konserven- oder Kondensmilchdose den Deckel entfernt, die Dose mit getrockneten Bohnen oder Erbsen füllt, Wasser zugibt, den Deckel wieder auflegt und mit einem schweren Gegenstand (z. B. Ziegelstein) beschwert, sind die quellenden Erbsen oder Bohnen in der Lage den schweren Stein anzuheben.

Kopiervorlage

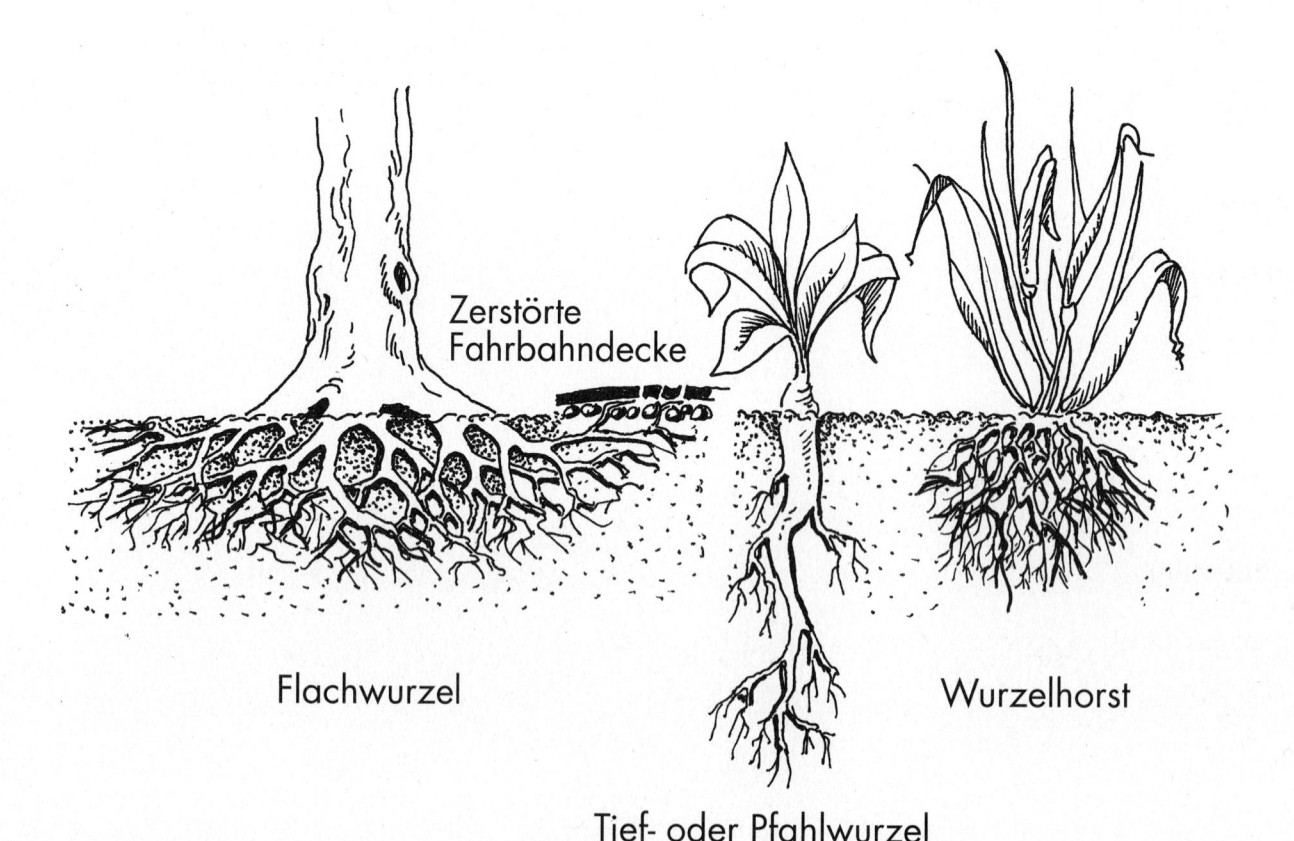

Zerstörte Fahrbahndecke

Flachwurzel

Wurzelhorst

Tief- oder Pfahlwurzel

Pflanzen entwickeln „Kräfte"

Name: Datum:

Material:

kleine Blechdose (Konservendose), getrocknete Erbsen oder Bohnen, Ziegelstein, Wasser

Versuchsdurchführung:

1. Entferne von einer kleinen Blechdose (Kondensmilchdose, Konservendose) den Deckel.
2. Fülle die Dose bis zum Rand mit getrockneten Bohnen oder Erbsen.
3. Fülle die Dose bis zum Rand mit Wasser auf.
4. Lege den abgetrennten Deckel wieder auf.
5. Lege einen schweren Gegenstand (z.B. Ziegelstein) oben auf die Dose.
6. Warte einige Stunden und beobachte.

Versuchsaufbau:

Beobachtung:

Ergebnis:

Aufgabe:

Wo hast du die „Sprengkraft" von Pflanzen schon gesehen?

Stichwortverzeichnis

Albedo	**16**	pH-Wert	**18**
		Pfahlwurzel	**22**
Bakterien	**4**	Pflanzenwachstum	**12**
Boden	**4**		
Bodenarten	**6**	Regenwasser	**2**
Bodenbedeckung	**16**	Regenwurm	**20**
Bodenkapillaren	**2**		
Bodenlebewesen	**4**	Sandboden	**6, 12, 14**
		Schlämmanalyse	**4**
Filterwirkung	**8**	Schluff	**12**
Flachwurzel	**22**	Stauende Nässe	**14**
Fruchtbarkeit	**20**	Sprengkraft von Pflanzen	**22**
Grundwasser	**2, 8**	Tonboden	**6, 12**
		Trinkwassergewinnung	**8**
Humusboden	**6**		
Humusgehalt	**10**	Uferfiltrat	**8**
Kapillarwirkung	**2**	Wadi (Trockental)	**2, 14**
Keimen	**16**	Wasserbilanz	**12**
Komposthaufen	**10, 20**	Wasserdurchlässigkeit	**14**
		Wasserspeicherkapazität	**12**
Lehmboden	**6, 12**	Wurzelhorst	**22**
		Wurzelschicht	**2**
Mineralstoffe	**20**		
Moosbildung	**14, 18**		